42

Lb 539.

A. J. FRISON,

REPRÉSENTANT DU PEUPLE,

MEMBRE DU CONSEIL DES CINQ-CENTS,

A SES COLLÈGUES DES DEUX CONSEILS.

> « La calomnie fut dans leurs mains un moyen puissant pour réussir ; les citoyens les plus probes furent attaqués par leurs infames journaux comme des hommes sans probité et sans mœurs ». (*Ami des Lois*, du 10 germinal an 6.)

CITOYENS COLLÈGUES,

Les nommés De Swerte, Valeriola et Malfroid, respectivement président et juges du tribunal criminel du département de la Dyle à l'époque du 13 prairial an 5, ont fait distribuer contre moi, au Conseil des Anciens, une diatribe, pour tâcher de se disculper des faits que j'ai avancés contre eux à la tribune du Conseil des Cinq-Cents, le 3 ventôse dernier.

Ils m'attaquent *personnellement* pour les avoir traités, ainsi que nos collègues Boulay (de la Meurthe) et

Cholet, de conspirateurs : c'est mon opinion, j'y persiste.

Je m'honore d'autant plus de leur récrimination, qu'elle me donne la conviction la plus complète que je suis parvenu à leur arracher le masque.

Ils ont cru qu'avec des injures et en jetant de la défaveur sur ma conduite privée, ils parviendroient à écarter les traits de lumière que peut contenir l'opinion que j'ai émise, et qu'ainsi vous perdriez de vue l'objet principal pour ne vous occuper que de moi.

Le Conseil des Anciens ne sauroit être dupe de l'hypocrisie ni des *jongleries* de ces tartuffes ; mais il sera étonné de leur audace, et cette conduite donnera la juste mesure de la confiance qu'ils méritent.

En effet, ce n'est point en me calomniant, en renouvelant, compilant et rajeunissant les pamphlets qu'eux et leurs semblables faisoient insérer contre moi dans les *Miroirs*, les *Grondeurs*, les *Censeurs*, les *Troubadours*, les *Echos urbaniques*, les *Impartiaux Bruxellois* et *Européens*, avant fructidor dernier, qu'on étouffe la vérité, qu'on écarte des faits aussi évidens que ceux contenus dans le jugement du tribunal criminel du département de la Dyle, du 13 prairial an 5.

Il faut la pousser bien loin cette audace, citoyens collègues, pour vouloir persuader que ce jugement n'est pas un monument qui caractérise leur esprit de contre-révolution.

Je respecte trop le caractère auguste de représentant du peuple, dont je suis revêtu, pour m'en faire une arme contre le foible ; il ne peut jamais autoriser à la calomnie ni au mensonge.

J'accepte donc le défi que ces juges prévaricateurs m'ont donné de prouver les faits que j'ai avancés.

Les déclarations de trois commissaires de police de la commune de Bruxelles, dont je suis possesseur, trop volumineuses pour être imprimées à la suite de cet écrit, mais que je communiquerai à mes collègues qui desireront les connoître, constatent les illuminations, le concert qui a eu lieu à l'hôpital Saint-Jean où De Haes étoit curé, les réjouissances des voisins de ce quartier, et le son des cloches qui se sont fait entendre à l'occasion du jugement dont il est question.

La traduction littérale de l'affiche qui annonçoit ce jugement, et les extraits du journal intitulé, *l'Impartial Bruxellois*, redigé par A. J. D. Debrackenier (chef d'assassins et de pillards, que la loi du 22 fructidor a condamné à la déportation, mais dont la feuille continue de paroître sous le titre de l'*Etoile de Bruxelles*); dont la teneur suit, ne vous laisseront rien à desirer sur les propos attribués à De Swerte, président du tribunal criminel.

TRADUCTION littérale de l'affiche qui annonçoit le jugement du tribunal criminel de la Dyle, du 13 prairial, et qui fut placardée avec profusion dans toutes les communes du département.

« Jugement rendu par le tribunal criminel à Bruxelles,
» dans la séance du premier juin 1797, en faveur
» de la religion et de M. De Haes, curé de Saint-
» Jean à Bruxelles.

———

» Le curé de l'église de Saint-Jean à Bruxelles
» avoit été condamné, par le tribunal correctionnel,
» à un emprisonnement de trois mois et à une amende
» de cinq cents livres, pour avoir continué l'exercice
» des fonctions de sa religion, sans avoir fait la dé-
» claration exigée; mais ayant rappelé de ce jugement

» au tribunal criminel du département de la Dyle,
» toute l'injustice de cette condamnation a été mise
» à découvert.

» Cette cause, qui étoit de la plus grande impor-
» tance, avoit attiré au lieu des séances du tribunal
» un très-grand nombre de ministres du culte et d'autres
» habitans.

(Ici vient le plaidoyer des défenseurs officieux, dont
on fait grace.)

» On ne sauroit exprimer le plaisir et la joie que
» ce jugement a causé dans tout l'auditoire qui rem-
» plissoit la salle d'audience du tribunal.

» Le peuple attendoit avec impatience ou la perte
» ou le libre exercice de sa religion; enfin la liberté
» de son culte lui a été rendue, et de cette manière
» la *sainte église* a triomphé de nouveau de ses plus
» cruels ennemis.

» Le jugement prononcé, le peuple l'a approuvé
» par mille et mille applaudissemens, et par les cris
» mille et mille fois répétés *vive la religion !*

» Cette affaire excite la reconnoissance et l'amour
» du peuple envers les nouveaux juges (*de germinal*
» *an 5*) qui ne suivent pas la volonté *d'un Direc-*
» *toire exécutif*, comme le fait le commissaire Rouppe,
» *le persécuteur et le dénonciateur des ecclésiastiques.*

(N'est-ce point là désigner aux poignards les victimes qu'il falloit immoler?)

» Le Corps législatif, docile au vœu du peuple,
» annullera certainement les lois de police pour les
» cultes, faites en France du temps de la révolution,
» dans ces temps malheureux où la mort donna la
» main au crime pour persécuter l'église, et où triom-
» phoit le culte de Robespierre; ces lois enfin, qui

» sont pour les ennemis de la religion un moyen de
» persécution. (1)

» Se vend chez J. P. G. Michel, imprimeur à
» Louvain. »

Extraits de l'Impartial Bruxellois, rédigé par Debrackenier.

(N°. 108.)

Du 14 prairial, tome III.

Bruxelles, 2 juin.

« Comme je l'ai dit hier, les juges se sont retirés
» vers les cinq heures pour délibérer, et vers les neuf
» heures du soir ils sont revenus dans la salle. Le citoyen
» *De Swerte*, président du tribunal criminel, a com-
» mencé la lecture, et il a donné la sentence du tri-
» bunal correctionnel à un des juges, qui l'a lue.
» Pour lors le président a continué la lecture, et il
» a prononcé un long et bien exprimé jugement,
» dans lequel, après avoir cité plusieurs lois et ar-
» ticles de la constitution, on voit substantiellement
» que la loi ou les articles de la loi du 7 vendémiaire
» n'ayant pas été adoptés et sanctionnés par le Corps
» législatif pour être promulgués dans les départe-
» mens réunis; cette loi ayant été portée antérieure-
» ment à la réunion, et par conséquent ne pouvant
» avoir force de loi dans la ci-devant Belgique; que
» par conséquent le tribunal ne pouvant juger que
» d'après les lois sanctionnées et adoptées par les

---

(1) Il n'est pas inutile d'observer que la loi du 7 vendémiaire an 4, dont il est ici question, a été décrétée plus de deux ans après la mort de Robespierre.

» législateurs, cette loi ou articles de loi ne pou-
» voient pas être une loi pour nous, le tribunal a
» cassé le jugement du tribunal correctionnel ; il a mis
» M. De Haes en liberté, et toutes poursuites intentées
» en conformité des articles de cette *loi supposée*
» viennent à cesser.

» A peine ce jugement a-t-il été prononcé, que
» mille et mille cris de joie retentissoient dans tous les coins
» de la salle. Jamais joie ne fut plus grande ; les cris
» de *vive la religion! vive la République!* se faisoient
» par tout entendre ; le peuple, qui ne pouvoit pas
» être témoin de la lecture, parce que la salle étoit
» remplie, étoit sur la grande place ; et quoiqu'il
» pleuvât (1), il attendoit la fin de cette affaire : sitôt
» qu'il entendoit les cris de joie, il y joignit les siens,
» et tel que l'éclair qui, d'un clin d'œil, se com-
» munique dans plusieurs places, tel ce cri se répétoit
» de bouche en bouche, et en un instant toute cette
» grande ville en fut instruite ; la joie se peignoit sur
» tous les visages (excepté sur ceux des jacobins);
» *on s'embrassoit, on se félicitoit*, en répétant mille
» et mille fois les cris de *vive la religion !* honneur
» et gloire vous soient mille et mille fois rendus, pré-
» sident et juges du tribunal criminel ! Combien de
» larmes n'avez-vous pas essuyées ! combien de maux
» n'avez-vous pas empêchés ? Nous ne verrons donc
» plus se renouveler ces scènes d'horreur qui se sont
» déja manifestées dans plusieurs communes de la Bel-
» gique ! nous ne verrons donc plus remplir les pri-
» sons de ces malheureuses victimes du philoso-
» phisme ! nous pourrons donc en paix exercer notre
» culte ! Gloire et honneur vous soient mille fois rendus !

---

(1) On observe qu'on suit ici le texte du journal, et qu'on ne se permet point d'en corriger le **style**.

» votre justice, votre résistance contre l'arbitraire se sont
» déja plus d'une fois manifestés (1) ; par conséquent
» nous ne devons attendre de vous que des jugemens

---

(1) *Extrait du journal intitulé*, l'Écho des feuilles politiques et littéraires, ci-devant Esprit des Gazettes (*tome XXXV.*)

Mardi 11 avril 1797 (vieux style).

AU RÉDACTEUR.

« Le tribunal criminel est presque chaque jour convoqué pour
» l'enregistrement de l'arrêté du Directoire qui destitue le citoyen
» Bonaventure ; hier les juges Lengrand, De Swerte et Decock, imitant
» l'exemple de leurs collègues Reniers et Valeriola, ont remis leurs
» démissions au commissaire plutôt que de participer à cet acte inouï
» d'injustice et d'arbitraire. Nous apprenons à l'instant que le juge
» Wautelée, de retour de Louvain, en a fait autant en descendant
» de voiture. Nous avons donc la satisfaction de voir que le sang
» de nos pères coule encore dans nos veines, et que l'amour de
» la justice et la haine de l'oppression sont loin de s'éteindre dans
» nos cœurs. Puissent tous les amis des lois et de la liberté, puissent
» tous les gouvernemens sentir par là qu'ils n'ont d'espoir de régner
» que par la sagesse, l'équité et les lois !

» Le substitut du commissaire du Directoire, homme honnête et
» sensible, sentant lui-même son porte-feuille infecté de cette pièce ré-
» voltante, a demandé au greffier de la tenir du moins en dépôt :
» celui-ci l'a refusé formellement.

» Une convocation de nouveaux juges va sans doute avoir lieu :
» on attend son issue ; on en fera part au public. »

Un de vos abonnés.

« Voici la démission donnée par le citoyen De Swerte ; les autres
» étant à peu près de la même teneur, il seroit superflu de les con-
» signer toutes dans cette feuille.

LIBERTÉ.   JUSTICE.

« Le soussigné, juge au tribunal civil du département de la Dyle,
» duement convoqué à la réquisition du substitut du commissaire
» du pouvoir exécutif à l'effet d'assister, comme devant suppléer le
» juge Wautelée, que ledit commissaire a déclaré être légitimement

» justes et équitables ; et pour plus grande preuve de
» ce que je dis, je répéterai ici *les propres paroles du pré-*
» *sident, le citoyen De Swerte : Nous avons rendu jus-*
» *tice, nous avons fait notre devoir* (1), disoit ce digne
» homme en sortant de la salle. Oui, citoyens, vous avez
» fait votre devoir ; vous n'avez pas trahi la confiance que
» le peuple a mise en vous, lorsqu'il vous a nommés

» empêché par un voyage à Louvain, à l'assemblée extraordinaire
» du tribunal criminel, ayant entendu le réquisitoire du susdit
» substitut commissaire, tendant à ce que le tribunal fasse consigner
» dans ses registres l'arrêté du Directoire en date du 2 de ce mois,
» portant qu'*il n'y a pas lieu de confirmer la nomination du citoyen*
» *Bonaventure, comme président du même tribunal, par la raison*
» *que ce citoyen auroit, le 16 avril 1793, abjuré formellement le ser-*
» *ment que les Français avoient exigé des fonctionnaires quelconques,*
» *et auroit prêté de nouveau serment de fidélité à S. M. François II*;
» tendant ledit réquisitoire en outre au remplacement provisoire du
» citoyen Bonaventure, ensuite de l'article 269 du code des
» délits et des peines, le tout conformément au même arrêté et à
» la lettre du ministre *Merlin*, du 5 de ce mois :

» Déclare qu'il ne peut regarder ledit arrêté que comme absolu-
» ment arbitraire et oppressif, dépourvu de tout motif plausible,
» et comme le résultat de l'intrigue de ceux qui, craignant les lu-
» mières et la probité du citoyen Bonaventure, l'ont surpris à la
» religion du Directoire ; qu'en conséquence, fidèle à son devoir, et
» ne voulant pas se déshonorer au point d'être un vil instrument
» pour l'exécution d'un arrêté aussi révoltant, il donne sa démission
» de la fonction de juge, invitant le substitut commissaire du pouvoir
» exécutif d'en informer le ministre de la justice, et de faire tenir
» note, au procès-verbal, de la présente déclaration. »

Bruxelles, ce 16 germinal, cinquième année républicaine.

Étoit signé : J. M. De Swerte.

(1) Pourquoi les juges De Swerte, Malfroid et Valeriola, n'ont-ils
point démenti dans le temps le journaliste D. Lackenier, qui faisoit un
éloge si pompeux et qui rendoit un compte si fidèle de leur conduite
prétendue héroïque ?

» dans ses assemblées primaires ; vous avez rendu jus-
» tice, et vous avez fait voir que vous êtes dignes
» d'occuper des places de juges et de président, aux-
» quelles vos concitoyens vous ont nommés.

Signé, A. J. D. Debrackenier.

(N°. 111.)

17 prairial, tome III.

Bruxelles, 5 juin.

« Toutes les églises ont été ouvertes hier : c'étoit
» un spectacle bien touchant de voir la foule innom-
» brable de citoyens de tout âge, prosternés devant les
» autels, étendre leurs mains reconnoissantes vers le
» ciel, pour le remercier d'avoir détourné l'orage (1)
» qui menaçoit la religion et ses ministres. »

(N°. 114.)

20 prairial, tome III.

« Tandis que les tribunaux de Liége condamnent
» chaque jour des ecclésiastiques à une ou plusieurs

---

(1) « Cet orage a manqué d'éclater hier, et l'on a presque vu renou-
» veler ces scènes horribles dont la ville de Louvain a principalement
» été le témoin...... Plusieurs prêtres ont célébré la messe, croyant
» y être autorisés parce que le jugement du tribunal criminel etoit tota-
» lement en leur faveur. Et tel que Dieu, en un clin d'œil et par la
» baguette de Moïse, remplissoit l'Egypte de crapauds et d'autres
» insectes, tel Rouppe, commissaire du Directoire exécutif, envoyoit
» de tous côtés ses espions ou commissaires : ces commissaires ont été
» aussi imprudens que ceux de Louvain ; ils auroient dû au moins avoir
» cet exemple terrible de la profanation des temples devant les yeux ;
» mais ! ! ! .... ils sont entrés dans les églises. »

A. J. Frison, etc.

» années d'emprisonnement, et à des amendes consi-
» dérables en numéraire, parce qu'ils ont exercé leurs
» fonctions sans s'être soumis à la loi sur la police des
» cultes, le tribunal criminel du département de la
» Dyle vient de se distinguer par un jugement *plein de*
» *sagesse*. Un curé de Bruxelles avoit été condamné, etc.
» En conséquence, le curé a été acquitté et remis en
» liberté, aux applaudissemens de plus de deux mille
» citoyens présens à ce procès. »

(N°. 119.)

25 prairial, tome III.

Liberté religieuse.

« Toutes nos feuilles publiques ont retenti des per-
» sécutions suscitées aux prêtres Belges qui exercent
» leur ministère sans avoir fait la déclaration exigée par
» la loi du 7 vendémiaire an 4. L'exécution de cette *loi*
» *révolutionnaire*, exigée avec une barbarie et un achar-
» nement bien digne de la loi elle-même, a excité des
» réclamations universelles. A Louvain, etc. . . . . .
» Gloire au tribunal criminel de Bruxelles, qui vient,
» d'après ces principes, d'acquitter un prêtre condamné
» par la police correctionnelle à 500 liv. d'amende,
» pour avoir exercé son ministère sans déclaration préa-
» lable, et qui a fait précéder le jugement d'un *consi-*
» *dérant, lequel est un modèle de sagesse, de logique*
» *et de précision judiciaire.*
» Quoique rien d'injuste ne puisse nous paroître
» invraisemblable tant que *la justice n'aura pas Merlin,*
» *au lieu de Merlin la justice*, nous doutons encore
» du bruit qui court que le Directoire a, sur son rap-
» port, porté cette affaire au jugement du tribunal de
» cassation, etc. . . . . Mais *Merlin*, dans son infernale
» justice, est aussi inflexible que le noir Pluton. »

(N°. 121.)

27 prairial, tome III.

En rendant compte d'une lettre du ministre de la justice, adressée, le 20 prairial, au directeur du jury de Bruxelles, qui commence par ces mots :

« Quel qu'ait été, citoyen, le motif (1) . . . . .

(N°. 127.)

3 messidor, tome III.

« Le jugement rendu par le tribunal criminel de ce
» département, dans l'affaire du curé De Haes, n'a
» donc pas obtenu l'important suffrage du rédacteur
» du *Républicain du Nord :* pour y parvenir, il auroit
» fallu sans doute courber servilement la tête à la voix
» du ministre *Merlin*, écarter obligeamment les prin-
» cipes de droit les plus sacrés, fouler aux pieds la cons-
» titution, et, à la faveur d'un *simulacre de loi*, pré-
» cipiter dans les cachots une foule de citoyens *paisibles*
» *et tranquilles*, etc. Au reste, on croit pouvoir assurer,
» avec le rédacteur du *Républicain du Nord*, que le

Voici une des notes qu'un abonné du journaliste a placée au bas de cette lettre :

(1) « Voilà le véritable langage des despotes, qui se plaisent
» toujours à prêter des vues sinistres à ceux qui ne se soumettent pas
» aveuglément à leurs opérations machiavéliques. Comment, *Merlin*,
» vous osez demander *le motif* de ce jugement ! lisez-le, vous y
» verrez que ce ne sont pas des impulsions étrangères que vous
» paroissez très-mal-à-propos et calomnieusement attribuer aux juges
» du tribunal criminel, qui ont guidé ces fonctionnaires dans leurs
» opinions ; mais que ce jugement est basé *sur la constitution et sur*
» *les principes incontestables du droit, principes auxquels il vous sera*
» *difficile de répondre autrement que par des sarcasmes.* »

» tribunal criminel n'a décidé la question dont il s'agit
» qu'à *la majorité relative de ses membres* ; mais on est
» fort éloigné de convenir, avec lui, que l'opinion des
» trois membres qui ont fixé cette majorité, soit dé-
» sapprouvée par les fonctionnaires éclairés; car, sans
» parler de l'approbation du peuple assez prononcée,
» on sait, au contraire, qu'elle a obtenu les suffrages
» des membres les plus instruits des deux sections du
» tribunal civil; que plusieurs *des administrations cen-*
» *trales et municipales en reconnoissent le solide fon-*
» *dement; que la plupart des juges-de-paix de ce dé-*
» *partement l'ont adoptée, et sont décidés à la suivre*
» *dans l'exercice de leurs fonctions, avec cette même*
» *fermeté dont le tribunal criminel leur a donné*
» *l'exemple.*

» *Le rédacteur*, en supposant donc à la masse des
» fonctionnaires publics une opinion contraire à celle
» qui fait la base du jugement dont il s'agit, verse lui-
» même sur cette *masse le blâme* qu'il paroît charita-
» blement vouloir en détourner, *blâme* qui, dans tous
» les cas, ne peut être que le partage assuré du petit
» nombre d'entre ceux qui, *par crainte, par ignorance*
» *ou par lâcheté*, refuseroient d'adopter les principes
» incontestables que le tribunal criminel, *après un mûr*
» *examen*, a pris pour règle de sa conduite (1) ».

Ils provoquent une explication de ma part sur ce
que j'ai annoncé, après avoir parlé des récompenses
données aux défenseurs officieux (et sur l'une des-

---

(1) Si on pouvoit avoir la patience de relire toutes ces abominables injures, et de les comparer ensuite aux éloges que recevoient certains personnages, ce contraste frappant prouveroit qu'ils s'acquittoient bien de la promesse qu'ils avoient faite de faire rapporter le décret de réunion : heureusement qu'ils se sont bien dévoilés ; leur astuce ne fera plus de dupes.

quelles, je le répète, se trouve cette inscription :
N. Boucqueau, religionis defensori acerrimo, clerus Bruxellensis), que des sommes considérables ont été données à *d'autres personnages* (1).

Il doit paroître assez étonnant qu'ils aient pris l'éveil sur cette allégation; si leur conscience ne leur reproche rien, qu'ont-ils besoin de s'en inquiéter ?

Enfin ils m'interpellent de produire les preuves de la réaction qui a eu lieu dans le département de la Dyle. Quel excès d'impudence ! Comment peuvent-ils feindre d'ignorer que les bureaux du ministre de la police renferment une collection de pièces qui ne laisse rien à desirer à cet égard (*voyez aussi le rapport de notre collègue Bailleul sur le 18 fructidor, pages 36 et 37*), quand ils savent sur-tout que, jusqu'au ministre de la justice actuel, est un des citoyens qui peuvent attester que par-tout les républicains étoient chassés ; que les couleurs nationales étoient vilipendées ; que des fonctionnaires publics ont été massacrés, poursuivis et insultés dans l'exercice de leurs fonctions ?

J'ai sous les yeux l'extrait d'un registre aux actes de police correctionnelle d'un juge-de-paix du département de Jemmappes, où se trouve une protestation de deux ex-capucins, d'un ex-franciscain, et de deux curés qui déclinent son autorité, d'après le *sage jugement* du tribunal criminel de la Dyle, et soutiennent que ce n'étoit point un délit ni un crime d'avoir célébré la messe *pour le bien-être et l'utilité de leurs concitoyens*, sans avoir fait la déclaration exigée par la loi du 7 vendémiaire an 4.

---

(1) Il est fâcheux que le 18 fructidor ait dérangé les projets du clergé belge ; au moins ont eût dû lui laisser le temps de faire achever les beaux services en argent qu'il faisoit préparer pour cadeaux.

Il faut avoir blanchi sous la honte comme De Swerte, Malfroid et Valeriola, pour oser démentir des faits aussi notoires.

Mais, citoyens collègues, quoique vous ayez fait peu d'accueil au libelle qui vous a été distribué, ses motifs n'auront point échappé à votre pénétration. Ils ont voulu cacher leur turpitude, et attirer votre attention sur ma moralité. Ce moyen va les mettre à nud.

Je ne crains pas d'appeler toute votre attention sur ce qui regarde ma vie privée.

Je vous renvoie aux pièces qui font suite à cet écrit ; elles vous prouveront, citoyens collègues, qu'en secouant, le premier, dans les neuf départemens réunis, l'empire des préjugés, j'ai rendu hommage à la sagesse des lois républicaines qui permettoient le divorce, et que j'ai préféré une dissolution légale au scandale de la mauvaise conduite d'une femme perdue de mœurs.

Est-ce donc manquer de moralité que d'user de la faculté que donne une loi créée pour la conservation des mœurs ? ne seroit-ce pas plutôt que, dans le langage des hommes qui pensent comme les trois prévenus, c'est être un homme abominable que d'aimer et servir la République ?

Ne faut-il pas, au reste, avoir perdu toute pudeur 1°. pour oser publier, comme ils le font, que ce sont eux-mêmes (des juges) qui m'ont accusé si légèrement d'immoralité ; que ce sont eux-mêmes (ou le tribunal qu'ils influençoient), qui ont proscrit le citoyen Jac. Jos. Chapel, mon beau-père, sous le faux prétexte qu'il étoit en état de débiteur failli, mais dans le fait pour écarter un républicain qu'ils redoutoient dans les assemblées primaires de l'an 5 ; 2°. pour en tirer l'absurde conséquence que c'est par ressentiment que j'ai mis au jour, à la tribune des Cinq Cents, les vérités qu'ils ont tant de raison de redouter : comme si le salut de la République avoit pu me permettre de taire ces vérités! comme si le témoignage de ma conscience ne m'avoit pas mis à l'abri des venimeuses atteintes des contre-révolutionnaires! comme si les injures qu'avouent ces trois prévaricateurs pouvoient m'inspirer d'autre ressentiment que celui du mépris et de la pitié!

Mais ce ridicule moyen d'atténuer la vérité qui les a démasqués, leur échappe encore. La confiance de mes concitoyens, en me portant aux honorables fonctions de législateur, a répondu aux calomnies lancées contre moi, et un jugement du tribunal de cassation qui annulle, *pour excès de pouvoir*, celui dont ils parlent, a fait justice de la tyrannie exercée par le tribunal de la Dyle envers le citoyen J. J. Chapel.

Je n'ai pas, comme De Swerte, Malfroid, Valeriola et leurs semblables, à ma dévotion les continuateurs de l'*Impartial Bruxellois*, ni les *Échos* des ennemis de la République, pour faire connoître ma réponse à leur calomnie : je laisse à mes collègues le soin de confondre à la tribune toute leur perfidie.

Paris, 11 germinal, an 6 de la République française, une et indivisible.

Signé, A. J. FRISON.

PIÈCES JUSTIFICATIVES.

Bruxelles, le 19 frimaire, quatrième année républicaine.

Le tribunal civil du département de la Dyle, aux représentans du peuple, commissaires du gouvernement français.

CITOYENS REPRÉSENTANS,

Le commissaire du pouvoir exécutif près notre tribunal nous a rendu compte de la conférence qu'il a eue ce matin avec le citoyen représentant *Pérès*, au sujet de la députation que nous vous avons envoyée hier relativement à la nomination que vous avez faite du citoyen *Frison* pour commissaire du pouvoir exécutif près le tribunal correctionnel de Bruxelles.

Vous demandez des faits contre le citoyen Frison : *permettez nous de vous observer*, citoyens représentans, *que la moralité d'un individu se compose, dans l'esprit public, des actions de sa vie, sans que l'on puisse préciser exactement les faits qui engagent le peuple à regarder un homme comme immoral : c'est ainsi que la fumée des flambeaux noircit le plafond d'un appartement, sans que l'on puisse indiquer quel est le flambeau qui a le plus contribué à ce dommage.*

Nous citerons cependant un fait contre le citoyen Frison ; c'est *son second mariage* qui le rend bigame et punissable selon *les lois de ce pays*, où les lois françaises sur le divorce n'ont jamais été publiées (1).

---

(1) Un arrêté du 26 brumaire an 3, déclare que le mariage n'est qu'un contrat auquel il est toujours libre de renoncer *quand l'ordre public n'est point troublé*.

D'après les lois humaines du pays, j'aurois été grillé. Quel regret n'ont-ils pas dû avoir de ne pouvoir me les rendre applicables ? Il n'eut manqué que cette preuve à celle qu'ils ont donnée, le 13 prairial, de leur attachement imperturbable aux anciens usages, et de la haine qu'ils portent aux républicains.

Chez un peuple ami des mœurs, un tel délit est regardé d'un très-mauvais œil, et les législateurs n'ont certainement aucun intérêt à fronder un préjugé aussi respectable.

Citoyens représentans, le peuple a le droit de nommer les fonctionnaires; il eût été dangereux qu'il en usât dans ces circonstances : vous êtes chargés de remplir ce droit, le plus sacré de sa souveraineté; faites donc, *nous vous en conjurons*, ce que le peuple auroit dû faire : nous vous conjurons également de consulter le vœu public, et vous verrez s'il n'écarte pas avec indignation le citoyen *Frison* de la place que vous voulez lui confier.

Nous vous attestons, en présence de l'Etre-Suprême, que ni haine, ni vengeance, ne nous a guidés dans la démarche que nous avons faite; que le citoyen Frison ait telle place lucrative que vous trouverez convenir, mais qu'il soit éloigné du sanctuaire des lois, qui ne peut recevoir que des hommes incontestablement honorés de l'estime publique.

Ce principe est vrai dans tous les temps; mais il est encore plus indispensable de le suivre dans une République naissante, où il faut faire aimer au peuple le nouveau gouvernement (1).

Salut et fraternité,

Signé, Poringo, *président;* J. F. Demendivil, *greffier.*

Copie de l'arrêté des représentans du peuple.

Les représentans du peuple, qui ont vu l'acte de notoriété délivré par le magistrat de Bruxelles, le 8 de

---

(1) Que ces juges vouloient créer sans républicains.

ce mois, constatant que le citoyen Frison et son épouse étoient séparés d'habitation depuis plus d'une année, et l'acte de ce jour, par lequel, sur *la demande même des deux époux et de leur consentement mutuel*, **le divorce a été prononcé entre eux** :

Déclarent que rien ne s'oppose à ce que le citoyen Frison se remarie, en conformité des lois françaises.

Bruxelles, le 11 frimaire, troisième année républicaine.

Signé, Briez, N. Haussmann.

Copie de la lettre du ministre de la justice.

LIBERTÉ, ÉGALITÉ.

Paris, le 6 pluviôse, l'an quatrième de la République française, une et indivisible.

Le ministre de la justice, au citoyen Frison, ex-accusateur public du tribunal criminel du département de la Dyle.

J'ai examiné, citoyen, les actes dont vous m'avez envoyé la copie, et qui sont relatifs à votre divorce et à la démission que vous avez faite de la place de commissaire du pouvoir exécutif près le tribunal correctionnel séant à Bruxelles. Le désir de la paix qui vous a fait démettre de vos fonctions est sans doute un sentiment louable : cependant, si vous eussiez cru devoir persévérer à les remplir, les hommes contre la résistance desquels vous n'avez pas jugé convenable de vous roidir, *auroient sans doute enfin senti qu'il ne leur appartenoit pas d'établir une lutte contre l'autorité légale qui vous avoit conféré vos pouvoirs*;

du moins le gouvernement ne l'auroit pas souffert. Le motif de votre divorce, le seul qu'ils aient pu employer, loin de fournir matière à aucun reproche contre vous, paroît être la preuve que vous avez su préférer une dissolution légale de votre mariage au scandale des mœurs, suite ordinaire des unions mal assorties, et que vous avez en cela donné la marque de votre attachement aux principes et aux lois de la République.

Salut et fraternité.

Signé, Génissieu.

Pour copie conforme :

Signé, A. J. Frison.

BAUDOUIN, imprimeur du Corps législatif, place du Carrousel, n°. 662.

www.ingramcontent.com/pod-product-compliance
Lightning Source LLC
Chambersburg PA
CBHW060927050426
42453CB00010B/1880